STICKER ART BOOK TRAVEL

스티커 아트북-트래블

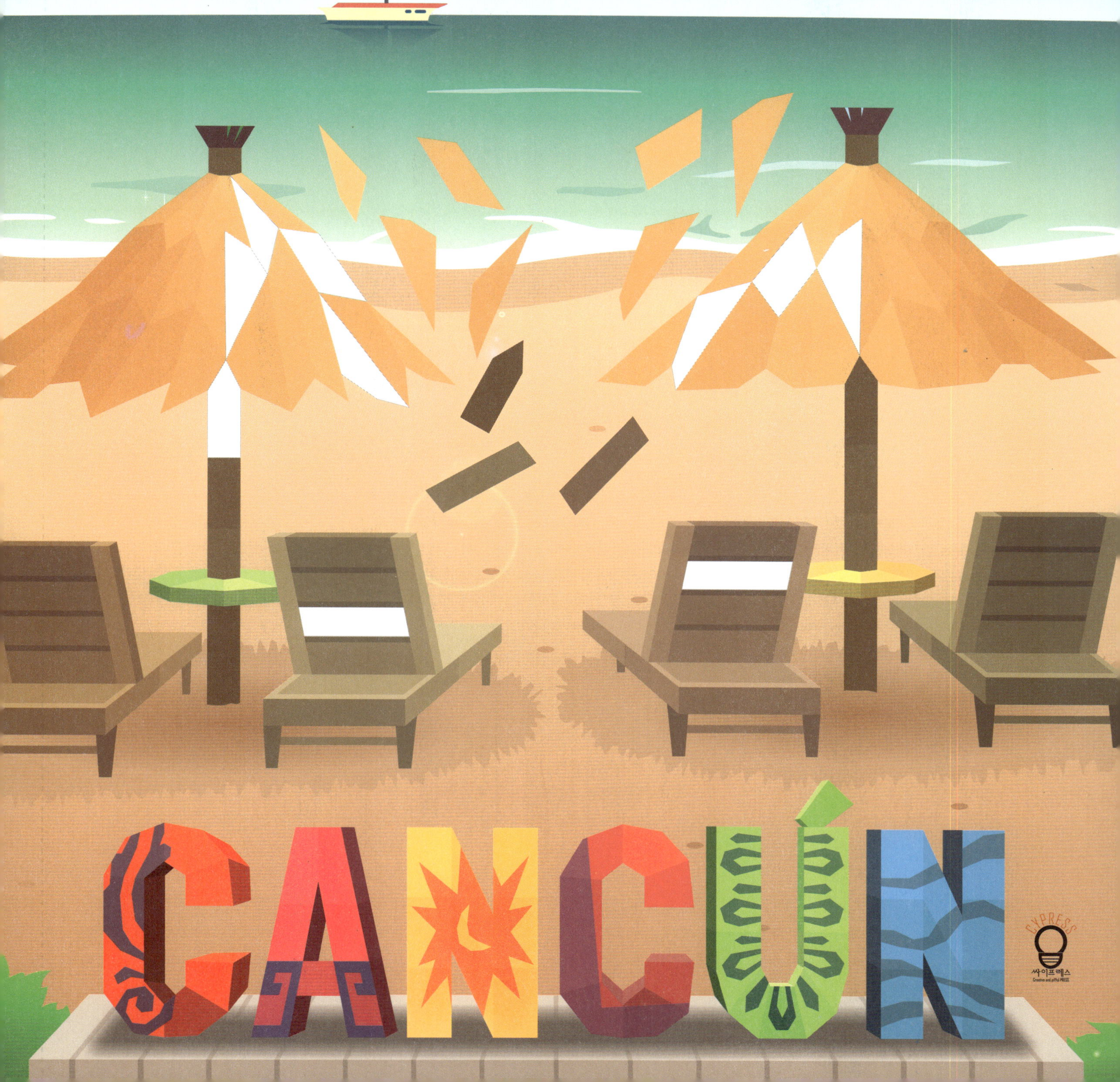

CYPRESS
싸이프레스

초판 1쇄 발행 2024년 8월 26일
초판 2쇄 발행 2025년 3월 19일

지은이 콘텐츠기획팀
펴낸이 김영조
편집 김시연, 조연곤 | **디자인** 정지연 | **마케팅** 김민수, 조애리, 강지현 | **제작** 김경묵 | **경영지원** 정은진
일러스트 여승규 | **교정** 김혜원, 오진하 | **외주디자인** 김영심
펴낸곳 싸이프레스 | **주소** 서울시 마포구 양화로7길 44, 3층
전화 (02)335-0385 | **팩스** (02)335-0397
이메일 cypressbook1@naver.com | **홈페이지** www.cypressbook.co.kr
블로그 blog.naver.com/cypressbook1 | **포스트** post.naver.com/cypressbook1
인스타그램 싸이프레스 @cypress_book | 싸이클 @cycle_book
출판등록 2009년 11월 3일 제2010-000105호

ISBN 979-11-6032-230-9 13630

· 이 책은 저작권법에 따라 보호를 받는 저작물이므로 무단 전재 및 무단 복제를 금합니다.
· 책값은 뒤표지에 있습니다.
· 파본은 구입하신 곳에서 교환해 드립니다.
· 싸이프레스는 여러분의 소중한 원고를 기다립니다.

HOW TO USE STICKER ART BOOK

스티커 아트북,
이렇게 활용하세요!

이 책은 10가지 폴리곤 아트(Polygon Art) 작품에 스티커를 붙여 완성하는 액티비티북(Activity Book)입니다. 폴리곤 아트는 이미지를 도형으로 나누어 입체감 있게 표현하는 미술 기법을 뜻합니다. 바탕지에 이 책의 스티커를 모두 붙여 완성하면 입체감 있는 작품을 감상할 수 있을 거예요. 또한 스티커 아트북을 완성하는 과정은 단순히 스티커를 붙이는 행위에서 끝나지 않고 집중력을 기르는 명상으로까지 이어집니다.

책은 크게 앞부분의 작품 면과 뒷부분의 스티커 면으로 나뉩니다. 작품 면에는 실제 스티커를 붙일 수 있는 바탕지 10개가 쉬운 작품부터 난이도별로 나열되었고, 스티커 면에는 바탕지를 채울 수 있는 스티커가 있습니다. 앞에서 작품을 고른 다음 해당하는 스티커 면을 찾아서 작업하면 됩니다. 스티커 면 나열 순서는 작품 나열 순서와 일치합니다.

책의 내용을 확인했다면 이제 스티커를 붙여볼까요?

1 완성하고 싶은 작품을 고릅니다
다음 페이지를 펼치면 이 책에 나오는 10가지 작품의 완성된 모습을 확인할 수 있어요. 여기서 마음에 드는 작품을 고르세요. 여러 개를 동시에 붙이다 보면 헷갈릴 수 있으니 한 번에 한 작품씩 골라서 도전하는 게 좋아요. 작품은 스티커의 크기가 커서 금방 완성할 수 있는 것부터 스티커가 작고 많아 붙이기 어려운 것 순으로 정렬되었습니다. 처음에는 앞부분의 쉬운 작품을 택해 감을 익히도록 하세요.

2 스티커를 떼어내어 해당 번호에 붙입니다
모든 스티커는 손으로 쉽게 떼어낼 수 있습니다. 스티커를 떼어낸 다음 작품 면의 해당 번호 부분에 붙이세요. 붙일 때는 되도록 선을 벗어나지 않도록 주의하는 게 좋습니다. 선에 딱 맞게 붙여야 깔끔한 작품이 완성되거든요.

3 책에서 작품을 뜯어내어 전시할 수 있습니다
스티커를 모두 붙여 작품을 완성했다면 작품 면을 책에서 뜯어내어 벽에 붙이거나 액자에 넣어 감상해도 좋습니다.

참고하세요!
작품 면과 스티커 면을 왕복하는 과정이 복잡하다면 스티커 면이나 작품 면을 책에서 뜯어낸 다음 붙이세요. 책의 모든 페이지에 뜯어내기 쉽도록 절취선을 넣었으니 이 선에 맞추어 천천히 뜯어내면 됩니다.

CONTENTS
한눈에 보는 스티커 아트

1 칸쿤 바탕지…7 | 스티커…29~32

2 도쿄 바탕지…9 | 스티커…33~36

3 다낭 바탕지…11 | 스티커…37~40

4 뉴욕 바탕지…13 | 스티커…41~44

5 울란바토르 바탕지…15 | 스티커…45~48

6 베네치아 바탕지…17 | 스티커…49~52

7 코타키나발루 바탕지…19 | 스티커…53~56

8 지우펀 바탕지…21 | 스티커…57~64

9 프라하 바탕지…23 | 스티커…65~72

10 퀘벡 바탕지…25 | 스티커…73~80

일러두기
모든 바탕지의 뒷면에는 해당 여행지에 대한 설명을 실었습니다.
스티커를 붙이며 전 세계 여행지에 대한 지식도 쌓아보세요.

칸쿤 Cancun, Mexico
- 그림 속 여행지: 플라야 델피네스
- 주소: Punta Nizuc, Blvd. Kukulcan 17 Zona Hotelera, Cancun 77500 Mexico

칸쿤은 멕시코 킨타나로오주에 있는 도시로 에메랄드빛 카리브해와 맞닿아 있어 지상 낙원으로 불린다. 늘어선 호텔 건물 안쪽에 플라야 델피네스 해변이 있는데, 칸쿤을 찾는 많은 이들이 이곳에서 여유를 즐긴다. 그밖에 해적 체험을 할 수 있는 캡틴 후크 디너크루즈, 돌고래와 교감할 수 있는 돌피나리스 칸쿤, 환상적인 일몰을 감상할 수 있는 플라야 코랄-엘 미라도르 해변도 칸쿤에서 가 봐야 할 곳으로 꼽힌다.

*출처 및 인용: 네이버 여행 정보

日本
東京

도쿄 Tokyo, Japan
- 그림 속 여행지: 도쿄 타워
- 주소: 4-chome 2-8, Shibakoen, Minato 105-0011 Tokyo Prefecture

도쿄는 일본 수도로 서울처럼 현대적인 감성과 옛것이 공존하는 도시이다. 그중에서도 도쿄 타워는 일본 영화나 소설 소재로 삼을 만큼 일본인에게는 상징적인 구조물로써 인상적인 야경을 만드는 명소로 꼽힌다. 그밖에 도쿄에서 가장 오래된 절인 센소지나 센소지 옆 상점가 나카미세도리, 일본 영화에 자주 등장하는 시부야 스크럼블 교차로, 하라주쿠 등 구경할 곳이 많으니 동선을 고려해 일정을 잘 짜야 한다.

*출처 및 인용: 위키백과

다낭 Da Nang, Vietnam
- 그림 속 여행지: 황금교
- 주소: Ba Na Hills, Da Nang 550000 Vietnam

다낭 해변은 〈포브스〉지 선정 세계 6대 해변 중 하나로 베트남을 대표하는 곳이며, 베트남의 하와이로 불린다. 선짜반도 남단에서 오행산까지 약 10km나 되는 미케 비치가 가장 유명하다. 해발 1,487m 산 위에 만들어진 테마파크 바나 힐도 빼놓을 수 없다. 특히 골든 핸즈 브릿지로 불리는 황금교가 있는데, 다리를 떠받치고 있는 손이 바위처럼 보이도록 제작되었으며 다리는 금도금을 하고 있어서 마치 다리를 하늘에 바치는 모습을 하고 있다. 황금교는 다낭 하면 떠오르는 명소로 자리잡았다.

*출처 및 인용: 네이버 여행 정보

뉴욕 New York City, United States of America
- 그림 속 여행지: 타임스퀘어
- 주소: Broadway, New York City, NY 10036

뉴욕은 미국의 상징이라고 할 만큼 미국을 대표하는 도시이다. 금융, 패션, 문화 등 전 세계 트렌드를 몸소 겪을 수 있는 곳인 만큼 많은 여행자가 방문하고 있다. 뉴욕을 방문하면 센트럴파크, 록펠러 센터 전망대, 엠파이어스테이트 빌딩 등을 찾지만 뉴욕의 상징은 뭐니 뭐니 해도 타임스퀘어다. 수많은 전광판이 도시를 밝히는 것으로 유명한데, 타임스퀘어 중심에 있는 대형 전광판의 건물은 1904년에 지어진 원타임스퀘어다. 이곳에 광고를 띄우려면 하루 수백만 원에서 수천만 원이 들지만 전 세계 많은 기업이 원타임스퀘어 전광판에 광고를 내걸고 싶어 한다.

*출처 및 인용: https://www.newyork.kr/

Монгол улс

Улаанбаатар

울란바토르 Ulaanbaatar, Mongolia
• 그림 속 여행지: 테를지 국립공원
• 주소: 206 Ekhtaivny Ergan Choloe, Ulaanbaatar Mongolia

몽골은 동아시아 내륙국으로 크게 개발되지 않아 천혜 자연이 살아 숨 쉬는 곳이다. 몽골인은 한국인과 생김새가 비슷한 데다가 거리가 멀지 않은 덕에 친근한 이미지가 있다. 최근 텔레비전 예능 프로그램에도 종종 등장해 많은 여행객이 찾고 있다. 특히 테를지 국립공원은 울란바토르에서 북동쪽으로 1시간 30분이면 갈 수 있는 곳에 있어 여행객들이 많이 찾는다. 몽골 전통가옥인 게르에서 머물며 트래킹을 하다 보면 때 묻지 않은 광활한 자연을 한눈에 볼 수 있고, 밤에는 쏟아질 듯 밤하늘에 가득찬 별을 볼 수 있다.

*출처 및 인용: 네이버 지식백과

Italy
Venezia

베네치아 Venezia, Italy
- 그림 속 여행지: 트레 폰티 다리
- 주소: Via Giudecca, 30100 Venezia VE, Italy

이탈리아는 유럽 여행할 때 꼭 들르는 나라로 피사의 사탑, 피렌체, 시칠리아, 밀라노 등 수많은 명소가 있다. 그중에서도 베네치아는 120개의 조각조각 작은 섬이 모여 이룬 도시로 구역 사이사이 곤돌라를 타고 소운하를 돌며 보는 아기자기한 도시 모습과 대운하로 나왔을 때 보이는 장엄한 풍경이 상반되어 더 매력 있다. 특히 그림에 나오는 트레 폰티 다리는 운하가 만나는 삼거리를 연결하는 다리로 알록달록한 건물들에 둘러싸여 있어서 마치 동화에 들어가 있는 느낌이 든다.

*출처 및 인용: 위키백과

코타키나발루 Kota Kinabalu, Malaysia

- 그림 속 여행지: 리카스 모스크
- 주소: Central road of Kota Kinabalu, Kota Kinabalu 88400 Malaysia

코타키나발루는 말레이시아 제7의 도시로 키나발루산의 도시라는 뜻이다. 키나발루산은 해발 4,095미터로 완벽한 생태계를 이루고 있다. 우리나라는 물론 중국인과 태국, 싱가포르까지 동남아시아 국가 관광객들로 늘 붐비는 곳이다. 맹그로브 숲 사이를 가로지르는 반딧불 투어나 선셋 투어도 많이 가지만 도시 투어 중 빼놓을 수 없는 이슬람 사원인 리카스 모스크도 꼭 들르는 곳 중 하나다. 파란색 돔 형식의 원형 지붕 때문에 블루 모스크라고도 불리는데, 바로 옆에 있는 넓은 연못 덕에 마치 물 위에 떠 있는 것처럼 아름답다.

*출처 및 인용: 위키백과

지우펀 Chiufen, Ruifang, Taiwan

- 그림 속 여행지: 아메이차루
- 주소: 224 대만 New Taipei City, Ruifang District, 市下巷20號

대만은 중국 남동 해안에서 16km 정도 떨어져 있는 섬나라로 인구밀도가 높은 나라 가운데 하나다. 대만 전체 지역의 약 2/3 정도가 산지와 구릉지대로 되어 있다. 맛있는 음식이 많은 대만 수도 타이베이나 야시장이 있는 타이중, 문화 예술 중심지 타이난 등 볼거리, 즐길 거리, 먹을거리가 많은 나라다. 그중에서도 루이팡 구에 있는 지우펀은 애니메이션 〈센과 치히로의 행방불명〉의 모티브가 되어 수많은 여행객이 찾는 곳이다. 특히 홍등이 켜지는 밤에 보는 아메이차루 건물은 애니메이션 속 장면처럼 환상적인 분위기를 자아내니 시간을 잘 맞춰서 가야 한다.

*출처 및 인용: 다음백과 및 네이버 여행 정보

Czech

Praha

프라하 Praha, Czech Republic
- 그림 속 여행지: 카를교
- 주소: Charles Bridge, Prague 11000 Czech Republic

체코는 유럽 중앙에 있으며 보헤미아, 모라바, 실레시아 세 지방으로 이루어진 공화국이다. 유럽 중에서도 비교적 물가가 저렴해 유럽을 방문하는 여행객이라면 꼭 한 번 들르는 곳이 되었다. 특히 카를교는 체코를 대표하는 건축물로 1402년에 완공되었다. 프라하에서 가장 오래된 다리로 '전 세계인이 사랑하는 다리'라는 평이 있을 정도로 아름답다. 카를교 아래로 흐르는 블타바 강 주변은 시계가 멈춘 듯 옛 모습을 간직한 건물들이 있어서, 마치 영화나 엽서 한 장면처럼 평화롭고 아름다운 모습을 만끽할 수 있다.

*출처 및 인용: 체코관광청 공식 블로그

퀘벡 Quebec City, Canada
- 그림 속 여행지: 샤토 프롱트낙 호텔
- 주소: 1 rue des Carrieres, Quebec City, Canada

퀘백은 캐나다에서 가장 넓은 주이며, 인구가 두 번째로 많은 곳이다. 캐나다는 전반적으로 영어를 쓰지만 퀘백은 프랑스어도 많이 사용한다. 캐나다는 다른 북미 지역에 비해 치안이 안전해 많은 여행객들이 찾는 곳이다. 그중에서도 1647년에 지어진 노트르담 대성당이나 1893년에 지어진 샤토 프롱트낙 호텔처럼 오래된 건물들이 그대로 남아 있어 시간 여행을 하는 기분이 든다. 우리나라에서는 드라마 〈도깨비〉에서 주인공에게 의미 있는 장소로 나오면서 많이 알려지게 되었다.

*출처 및 인용: 나무위키, 두산백과

STICKERS TRAVEL

1 칸쿤 스티커…29~32

2 도쿄 스티커…33~36

3 다낭 스티커…37~40

4 뉴욕 스티커…41~44

5 울란바토르 스티커…45~48

6 베네치아 스티커…49~52

7 코타키나발루 스티커…53~56

8 지우펀 스티커…57~64

9 프라하 스티커…65~72

10 퀘벡 스티커…73~80

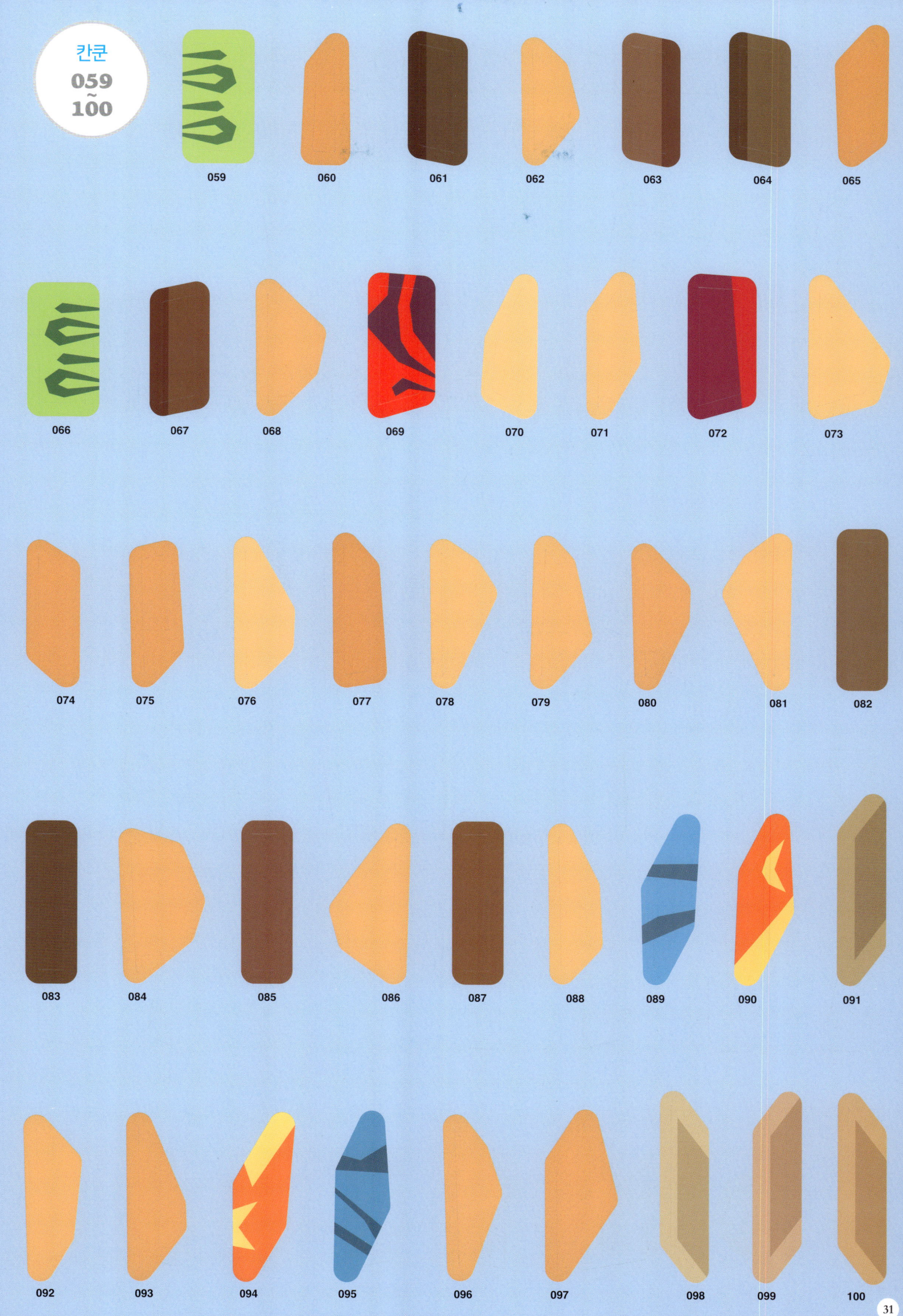

도쿄
001
~
070

001 002 003 004 005 006 007 008 009
010 011 012 013 014 015 016 017 018 019 020
021 022 023 024 025 026 027 028 029 030 031
032 033 034 035 036 037 038 039 040 041
042 043 044 045 046 047 048 049 050 051 052
053 054 055 056 057 058 059 060 061
062 063 064 065 066 067 068 069 070

도쿄
071
~
135

071 072 073 074 075 076 077
078 079 080 081 082 083 084 085 086 087 088
089 090 091 092 093 094 095 096 097
098 099 100 101 102 103 104 105 106 107
108 109 110 111 112 113 114 115 116
117 118 119 120 121 122 123 124 125 126
127 128 129 130 131 132 133 134 135

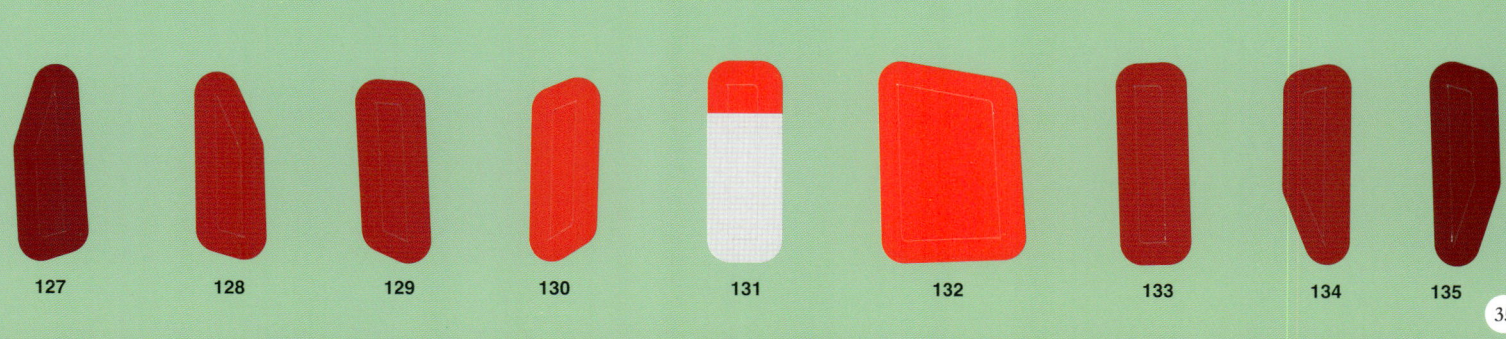

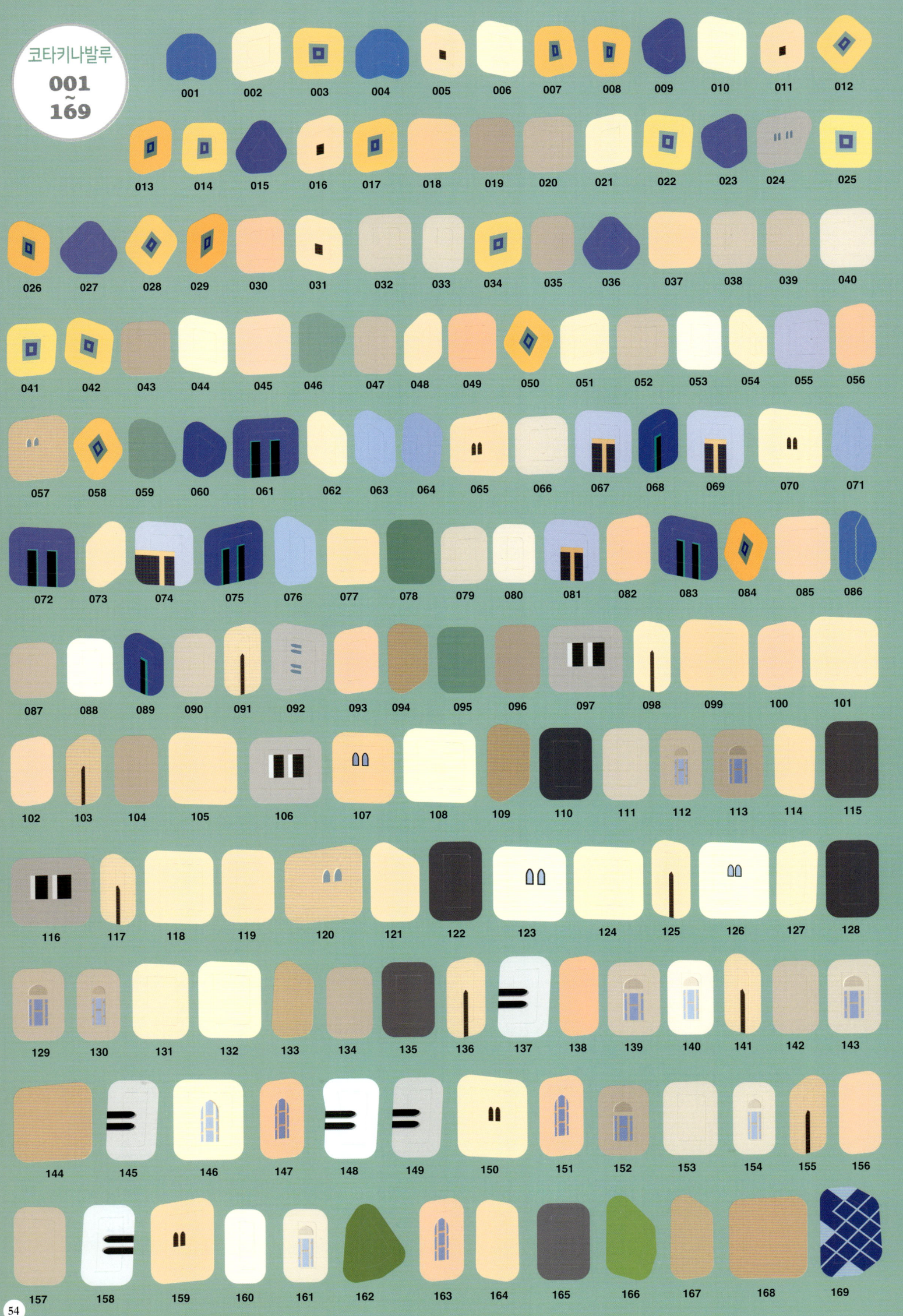

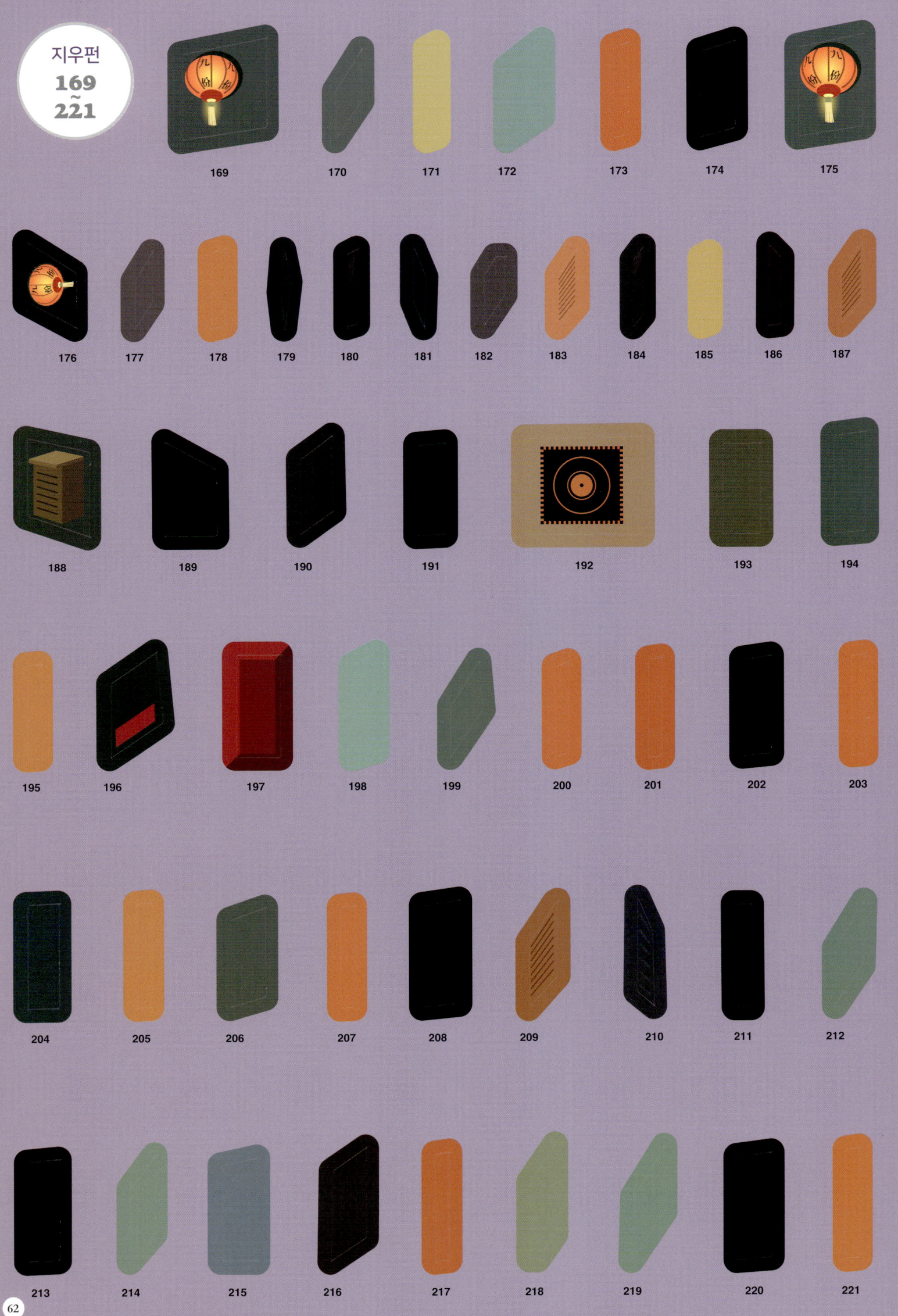

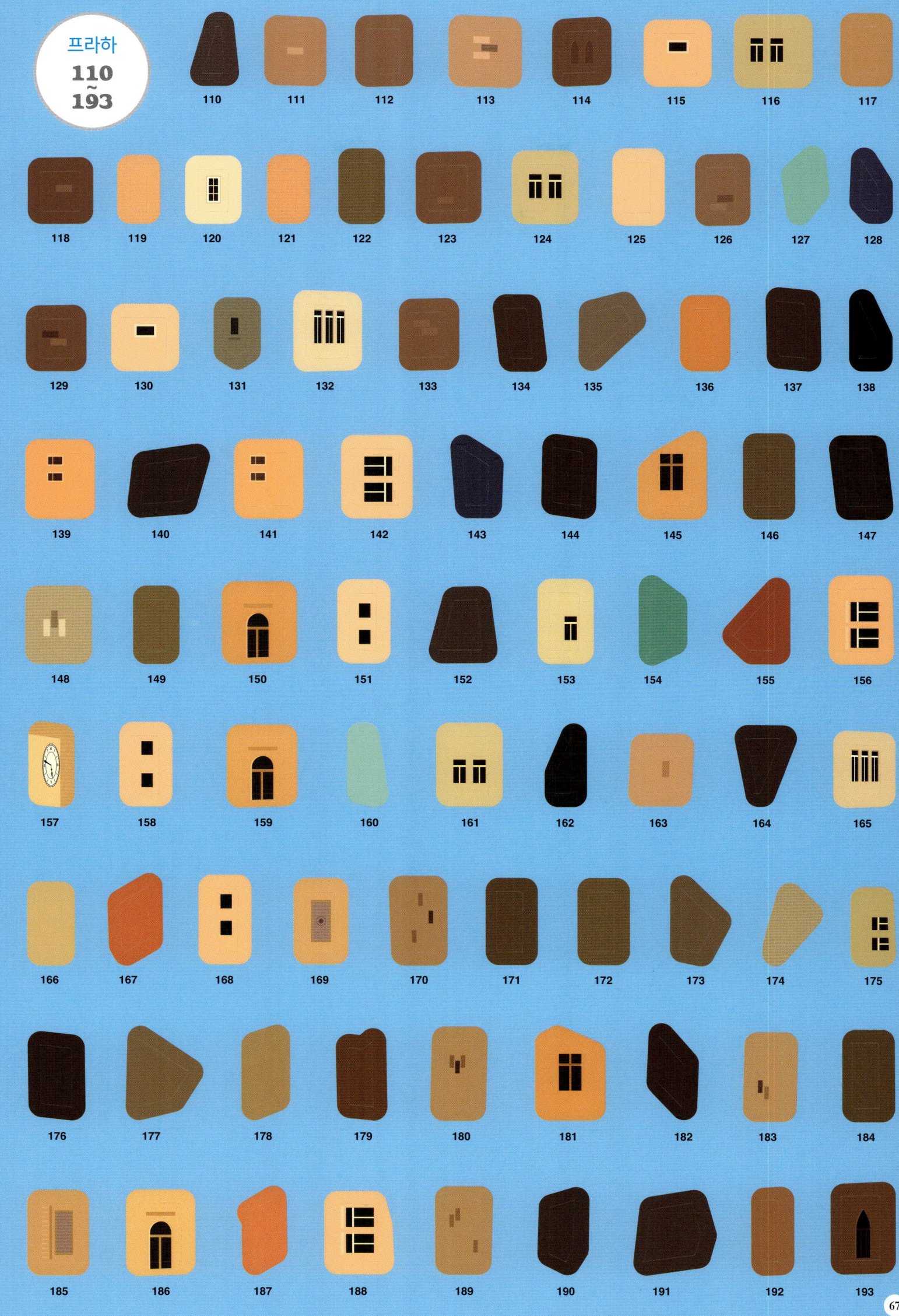

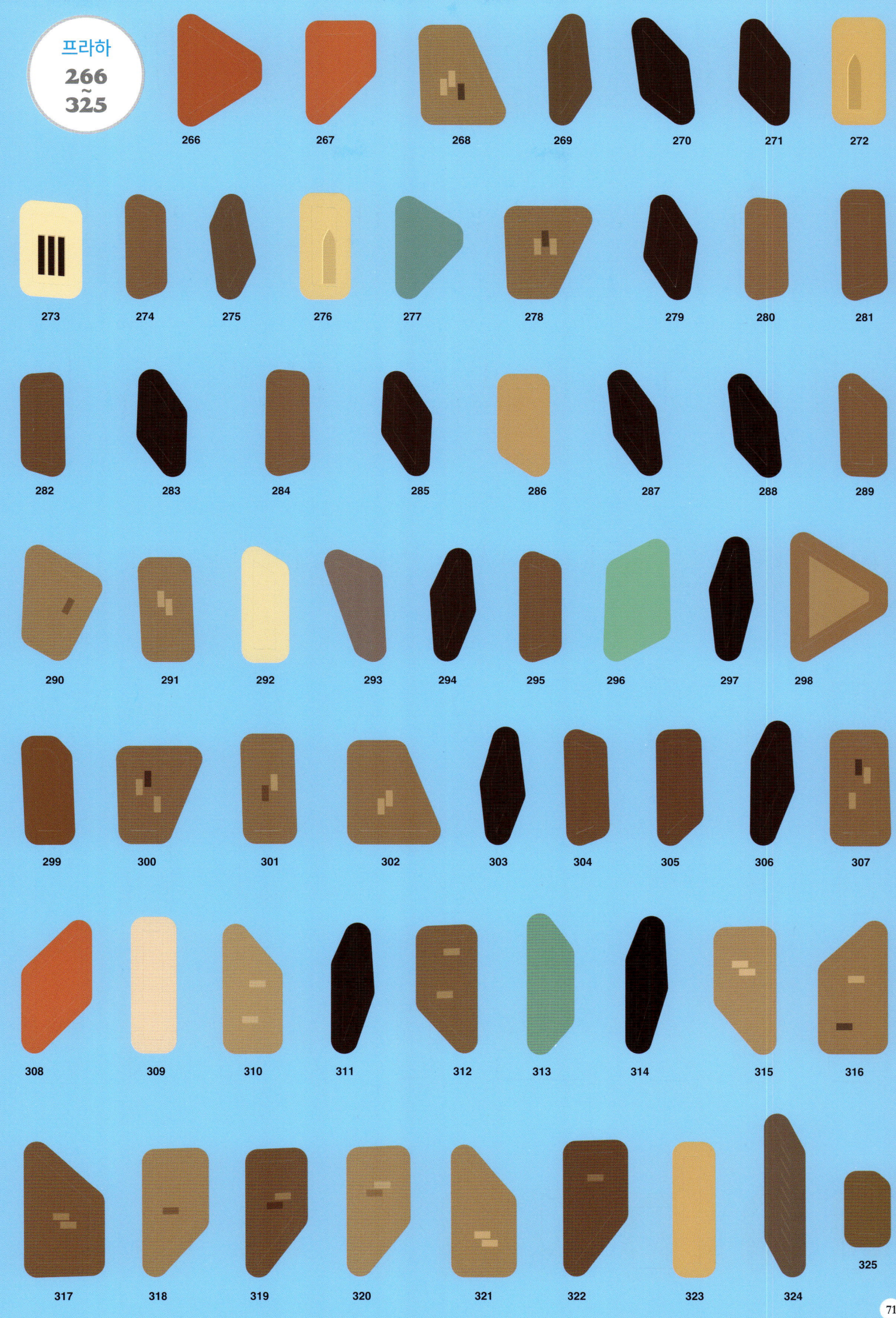

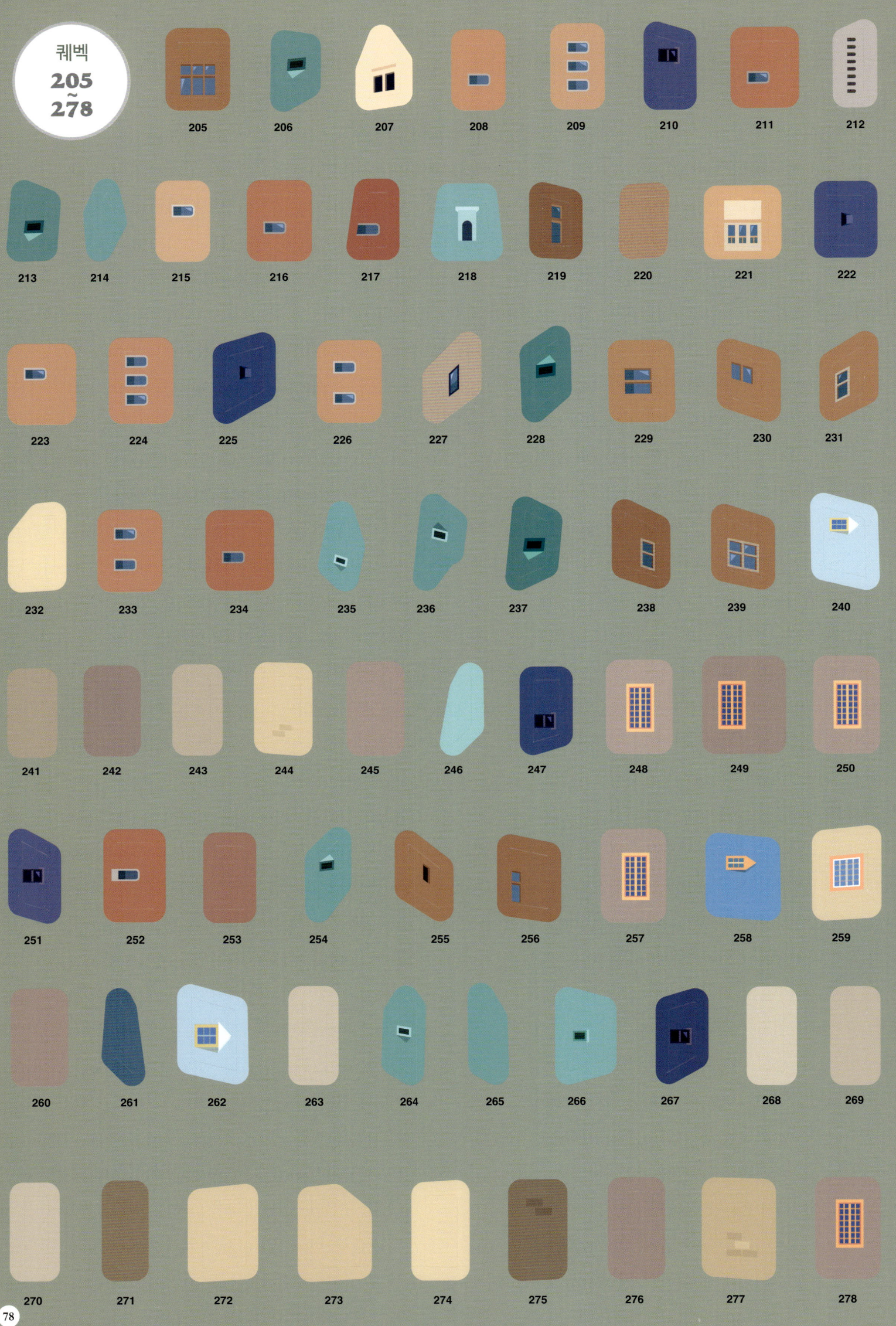

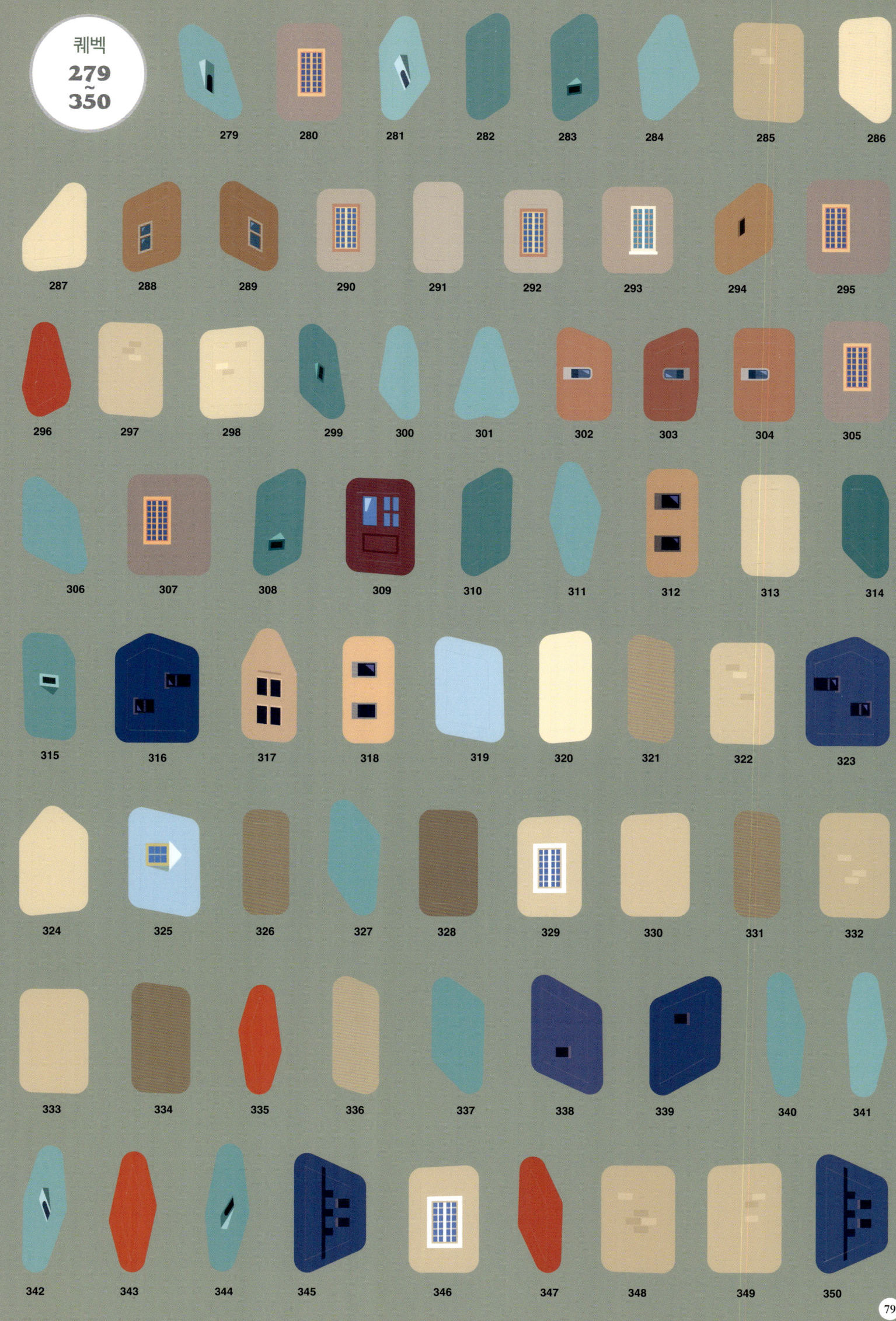